Inhalt

Inhalte:

1	***Vor vielen, vielen Jahren ...***	Die Vorgeschichte
2	***Zuflucht in Höhlen***	Die Höhlenmenschen; Höhlenmalerei
3	***Künstler und Handwerker***	Bekleidung und Schmuck
4	***Werkzeugmacher***	Werkzeuge und Waffen; der Faustkeil
5	***Mammutjagd***	Wie gejagt wurde; Konservierung des Fleisches
6	***Jäger und Sammler***	Immer auf der Suche nach Nahrung; das Feuer
7	***Die Menschen werden sesshaft***	Zelte; die ersten Häuser; Pfahlbauten
8	***Das Ende der Eiszeit***	Die Jungsteinzeit; Herstellung von Tongefäßen
9	***Ackerbauern***	Das erste Brot; die Getreidearten
10	***Viehzüchter***	Die Menschen zähmen Tiere; Nutztiere
11	***Die ersten Haustiere***	Der Hund: der erste Freund des Menschen
12	***Die Jungsteinzeit***	Wir bauen ein Haus für die Großfamilie
13	***Glossar***	Zum Nachschlagen
14	***20 kniffelige Testfragen***	Was hast du gelernt?

Textverständnis und Lernen – drei Schritte

ZEIT zum Lernen

1. Lesen
Lies den Text aufmerksam.

2. Inhalt klären
Nimm einen Leuchtstift und lies ein zweites Mal. Markiere Wörter, die dir wichtig erscheinen oder die du nicht verstehst. Kläre diese Wörter durch Nachschlagen oder Nachfragen. Schreibe wichtige Wörter rechts an den Textrand oder auf ein leeres Blatt. Wenn du mehr zum Thema wissen willst, nutze alle Quellen, die dir für weitere Informationen zur Verfügung stehen: Atlas, Lexikon, Sachbuch, Schulbuch, Internet.

3. Einen eigenen Text schreiben
Du kannst jetzt einen eigenen Text zum Thema verfassen. Dieser Text kann kurz sein, dann ist es ein *Merktext* oder eine *Zusammenfassung.* Der Text kann auch länger sein, dann bekommst du ein *Referat.* Die markierten oder herausgeschriebenen Wörter bilden ein Gerüst, das dir beim Schreiben des Textes hilft. Lege den Originaltext zur Seite und schreibe aus dem Gedächtnis. Bemühe dich um eigene Formulierungen! Zeichne zu deinem Text. Du kannst auch Bilder ausschneiden und aufkleben. Achte auf ein sauberes Schriftbild.

Und vor allem – nimm dir Zeit zum Lernen!

Quellenangabe:
Ernst H. Gombrich, Eine kurze Weltgeschichte für junge Leser
Dumont, 1998 (sehr empfehlenswert !)

Vor vielen, vielen Jahren ... 1

Die Vorgeschichte

Wann gab es die ersten Menschen auf dieser Welt? Ich habe für dich in schlauen Büchern nachgelesen. Um ehrlich zu sein, so ganz genau weiß das niemand. Große Zahlen werden da genannt, und in jedem Buch steht es ein wenig anders. Also einigen wir uns darauf: Ungefähr 2 Millionen Jahre vor Christi Geburt begann die Altsteinzeit. „Aber das 'Ungefähr' ohne genaue Jahreszahlen ist doch nicht Geschichte!“, wirst du sagen. Und da hast du recht.
Es liegt vor der Geschichte. Darum nennt man es Vorgeschichte.
Weil man nur sehr ungenau weiß, wann es gewesen ist.
Lange vor Christi Geburt haben die Menschen schon vieles gehabt, was wir heute haben: Kleider und Häuser und Werkzeuge; Pflüge zum Pflügen, Getreide zum Brotbacken, Kühe zum Melken, Schafe zum Scheren, Hunde zur Jagd und als ihre Freunde. Pfeil und Bogen zum Schießen, Helm und Schild zum Schutz. Alles das hat einmal jemand erfunden! Ist das nicht spannend? Fleisch kann man leichter beißen, wenn man es zuerst über das Feuer hält und brät. Darauf ist ein Urmensch irgendwann einmal gekommen. Oder war das vielleicht eine Frau? Und einmal ist einer daraufgekommen, wie man Feuer machen kann. Denk dir, was das bedeutet: Feuermachen! Kannst du das? Aber nicht mit Zündhölzchen, nein, die hat es doch nicht gegeben!*

*(*nach Ernst H. Gombrich, Eine kurze Weltgeschichte für junge Leser, Dumont Verlag 1998)*

Lies den Text aufmerksam. Betrachte das Bild. Nimm dir Zeit dazu.
Erledige dann die Aufgaben auf der nächsten Seite.

Stolz Verlag Steinzeitmenschen Best.-Nr. 516

Aufgaben

1. Betrachte die Zeichnung auf der Vorseite ganz genau.
   Wenn du es dir zutraust, zeichne sie in dein Steinzeitheft ab und male bunt.
   Du kannst die Zeichnung aber auch ausschneiden und einkleben.
2. Stelle dir vor, alles Gewohnte um dich herum verschwindet. Da ist nichts als Natur, Wald, Steppe.
   Welche Dinge würdest du am meisten vermissen? Wovor würdest du dich fürchten?
   Was würdest du tun? Denke gut nach und schreibe deine Gedanken in ganzen Sätzen auf!

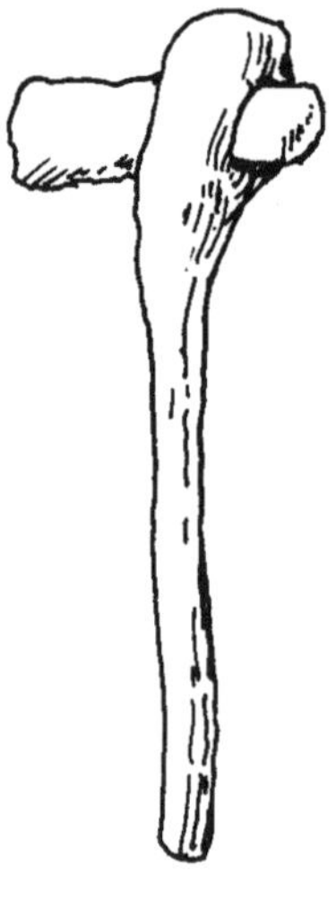

Werkzeug

Die ersten Werkzeuge der Menschen nennen wir

Artefakte.

Zuflucht in Höhlen 2

Die Höhlenmenschen
Viele tausend Jahre lang hatten die Frühmenschen keine festen Behausungen. Sie zogen von Ort zu Ort auf der Jagd nach Tieren. Die Tiere selbst zogen in großen Herden auf der Suche nach frischem Gras und Nahrung umher.
Diese ersten Menschen machten es nicht anders als manche Tiere, die du kennst, sie suchten Zuflucht in Höhlen. In ihnen waren sie vor Wind und Kälte geschützt.
Diese Menschen, die in Höhlen wohnten, nennen wir deshalb Höhlenmenschen.
Die Höhlenmenschen haben etwas Schönes erfunden: das Bildermalen und das Schnitzen. An den Wänden der Höhlen sehen wir heute noch viele Bilder, die sie dort hineingeritzt und daraufgemalt haben. Auch heute könnte das kein Maler schöner machen. Wir sehen Tiere, die es längst nicht mehr gibt. Elefanten mit langen Haarpelzen und krummen Stoßzähnen. Wie diese Elefanten hießen, erfährst du, wenn du die folgenden Buchstaben richtig zusammensetzt:

A U T M M M

1. Unterstreiche oder markiere im Text die wichtigsten Wörter, schreibe sie rechts heraus. Verfasse dann selbst einen kurzen Text für dein eigenes Steinzeitheft.
2. Betrachte das Bild aufmerksam, auch die Details. Zeichne die Höhlenszene dann in dein Steinzeitheft. Male die Zeichnung bunt aus.

Stolz Verlag Steinzeitmenschen Best.-Nr. 516

Die schönsten Höhlenmalereien gibt es in der Höhle von Lascaux *(sprich: Laskoo)*. Das liegt in Frankreich. In dieser Höhle sind 596 Tiere an die Wand gezeichnet: Mammuts, Bisons, weiße Stiere. Die Höhle wurde im Jahr 1940 von vier Jungen und ihrem Hund entdeckt. Der Hund war in einem Erdloch verschwunden. Als die Kinder ihn suchten, fanden sie eine riesige Höhle. Sie kamen mit Seilen und Lampen zurück und entdeckten die Höhlenmalereien.
Auch in Spanien, Afrika und Australien wurden in Höhlen derartige Felsbilder entdeckt, die mindestens 30 000 Jahre alt sind. Niemand weiß, warum diese Bilder gemalt wurden; wir können darüber nur Vermutungen anstellen.

Aufgaben

1. Befestigt einen großen Bogen Packpapier oder ein Stück Tapete an der Wand. Fertigt darauf gemeinsam eine „Höhlenmalerei“ an. Jeder „unterschreibt“ mit seinem Handabdruck!

2. Wozu zeichneten die Höhlenmenschen Tiere an die Wände? Schreibe deine Vermutungen in dein „Steinzeitheft“. Sprecht darüber!

Hände in Höhlen

Viele Höhlenwände sind mit den Umrissen von Händen geschmückt. An einigen Händen fehlen Finger. Die Handumrisse könnten die Unterschriften der Künstler sein, welche die Wandmalereien angefertigt haben.

Alte Funde

Die älteste Kleidung fand man an einer 37000 Jahre alten Leiche im gefrorenen Boden Sibiriens*. Sie trug Tierfelle, die mit Lederriemen zusammengenäht waren. Wie aber konnten die Steinzeitmenschen nähen? Sie hatten doch keine Nähnadeln!

Doch, sie hatten! Nähnadeln wurden aus Splittern von Rentiergeweihen oder anderen Tierknochen hergestellt.

Die Menschen der Vorzeit kannten kein Metall zur Herstellung von Werkzeug. Sie kannten keine Wolle oder Baumwolle, um sich daraus Kleidung zu machen. Sie konnten nicht schreiben.

Sie benutzten Holz und Steine, Tierknochen und Felle. Farben konnten sie bereits herstellen. Sie mischten Holzkohle, Ton und Kalk mit Tierfett. Als Pinsel für die Wandmalereien dienten Zweige.

Steinzeitmenschen trugen auch Schmuck. Sie fertigten Halsketten aus den Zähnen von Wolf, Fuchs und Bär, aus Schneckengehäusen und Kieselsteinen. Mammutstoßzähne wurden zu Armreifen verarbeitet. Der älteste Schmuck ist eine Halskette, die 35000 Jahre alt ist!

**Sibirien:*
Suche Sibirien im Atlas. Wenn du ein Lexikon zur Verfügung hast, schlage nach.

1. Unterstreiche oder markiere die wichtigsten Wörter, schreibe sie rechts heraus. Verfasse dann selbst einen kurzen Text für dein eigenes Steinzeitheft.
2. Betrachte das Bild aufmerksam, zeichne es dann so genau wie möglich in dein Steinzeitheft!

Aufgaben

Beantworte jede Frage mit einem ganzen Satz, zuerst mündlich, dann schriftlich!

1. Wo fand man die älteste Kleidung? Wie sah diese Kleidung aus?
2. Hatten die Steinzeitmenschen Nähnadeln?
3. Wie stellten sie Farben her?
4. Woraus wurden Halsketten gefertigt?
5. Wie alt ist die älteste Halskette?

Wie wird eine Knochennadel hergestellt?
Lies den Text auf dieser Seite unten aufmerksam – Satz für Satz. Nach jedem Satz schließe die Augen und versuche dir das Gelesene vorzustellen, bis du jeweils ein deutliches Bild vor Augen hast. Deine Aufgabe: Zeichne die vier Schritte bei der Herstellung einer Knochennadel in vier einzelnen Bildern auf! Das ist keine leichte Aufgabe, aber du schaffst es!

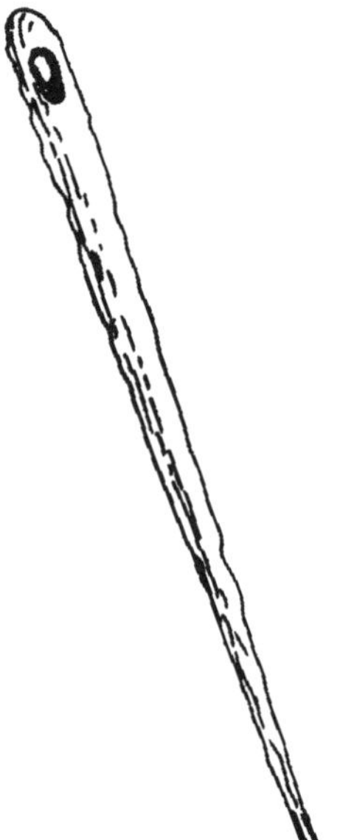

So wurde eine Knochennadel hergestellt:
Mit einem scharfen Feuersteinsplitter wurde ein Knochenstück eingeritzt. Dann ließ sich ein Span herausheben.
Mit einem spitzen Feuerstein wurde vorsichtig ein Loch für den Faden in das dicke Ende des Knochens gebohrt.
Auf einem weichen Stein wurde die Nadel dann spitz und glatt geschliffen.

Werkzeugmacher 4

Werkzeuge und Waffen

Den Werkzeugmachern der Steinzeit standen für ihre Geräte nur Stoffe zur Verfügung, die sie in der Natur vorfanden. Sie entwickelten in Tausenden von Jahren ein großes Geschick darin, Werkzeuge aus Stein, Knochen und Holz zu fertigen.

Das erste und älteste Werkzeug der Frühmenschen war ein Gerät aus Stein. Finde selbst heraus, wie dieses Werkzeug genannt wird:

K E I L S A U F T

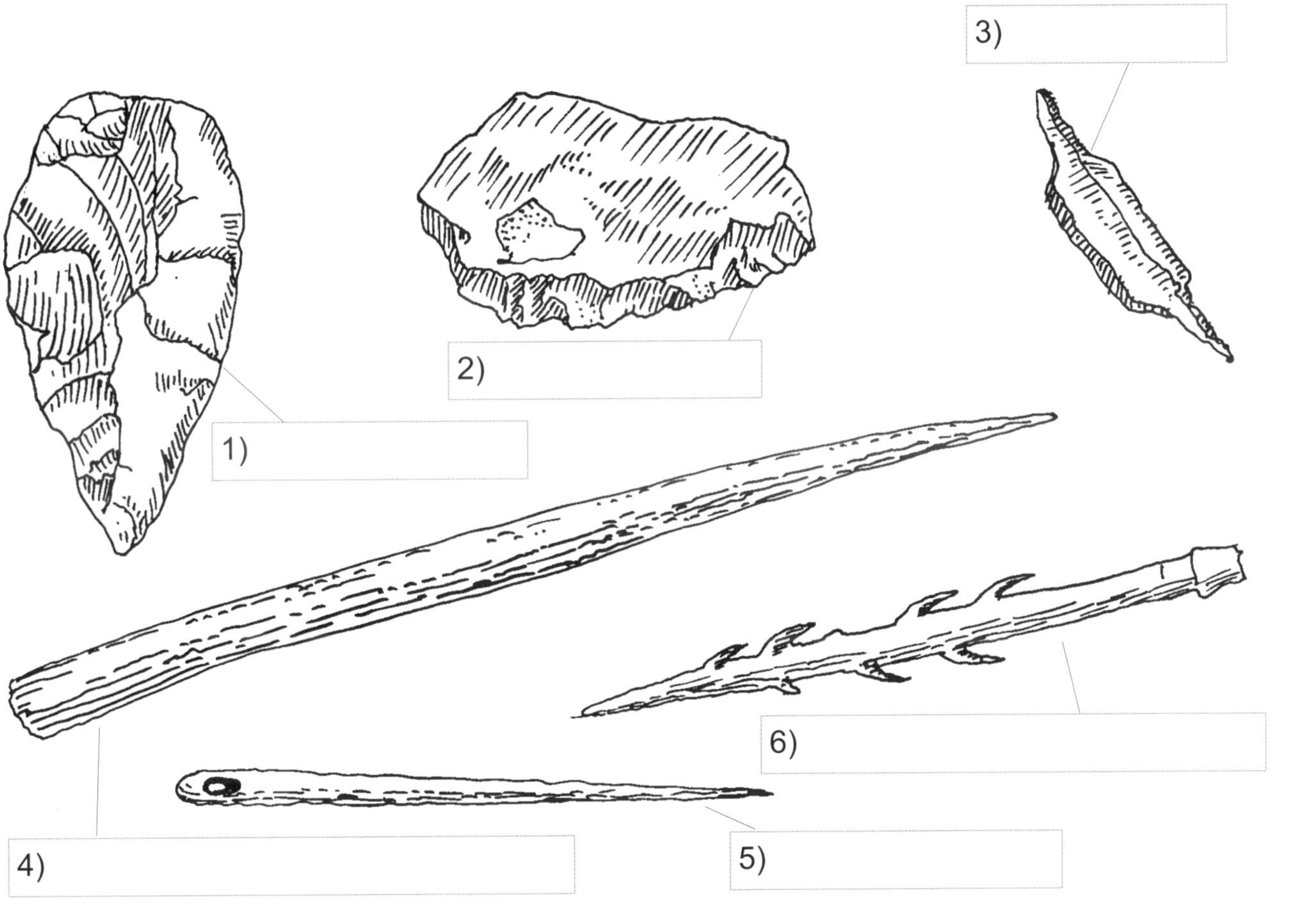

Bohrer, Faustkeil, Harpune aus Knochen, hölzerne Stoßlanze, Nähnadel, Schaber

Ordne die Namen richtig zu! Du kannst aus den Formen erkennen, welches Werkzeug dargestellt ist.
Denke gut nach! Die Lösungen findest du auf der nächsten Seite.
Zeichne die Werkzeuge in dein Heft und beschrifte die Zeichnungen.

Stolz Verlag Steinzeitmenschen Best.-Nr. 516

Die Frühmenschen stellten auch Messer und Äxte her. Mit einem Stein, den sie als Hammer benutzten, schlugen sie Stücke von einem harten Stein ab, bis dieser scharfe Kanten hatte. Die Frühmenschen benutzten dafür einen bestimmten Stein, den Feuerstein. Am besten ließ sich der Feuerstein bearbeiten, wenn er frisch aus der Erde ausgegraben worden war.

Aufgaben

Beantworte jede Frage mit einem ganzen Satz, zuerst mündlich, dann schriftlich!

1. Aus welchen Materialien fertigten die Steinzeitmenschen ihre Werkzeuge?
2. Aus welchem Material war das erste und älteste Werkzeug des Frühmenschen hergestellt?
3. Wie hieß dieses erste Werkzeug?
4. Wie ließ sich der Feuerstein am besten bearbeiten?
5. Wozu benutzte man den Faustkeil?

Lösungen: Das erste und älteste Werkzeug der Frühmenschen war der FAUSTKEIL.
Die Geräte heißen: 1) Faustkeil 2) Schaber 3) Bohrer 4) hölzerne Stoßlanze 5) Nähnadel
6) Harpune aus Knochen

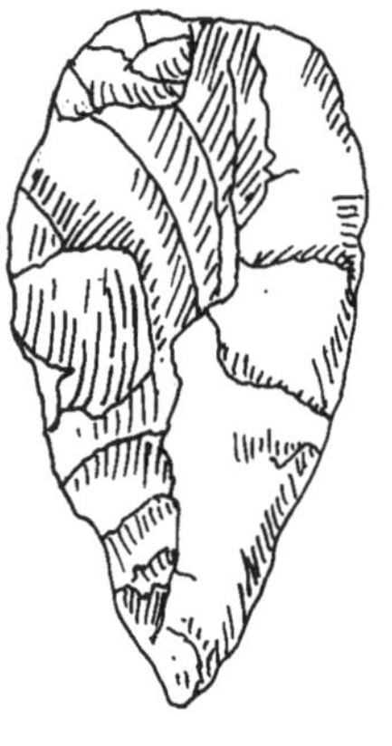

Der Faustkeil

Das älteste Werkzeug des Menschen ist der Faustkeil.
Das Ende des Geräts ist etwas dicker als die Spitze.
So liegt der Faustkeil gut in der Hand.

Man benutzte den Faustkeil zum Schneiden und zum Graben, oder als Waffe zum Schlagen.

Mammutjagd 5

Die Jagd auf das Mammut

Die Jagd war eine sehr gefährliche Sache. Die Höhlenmenschen benötigten das Fleisch zum Überleben. Ein ausgewachsenes Mammut konnte einer Horde Höhlenmenschen Fleisch für viele Wochen liefern. Doch die Menschen hatten ja nur ihre einfachen Waffen: lange Speere aus Holz, die sie zuvor in Feuer gehärtet hatten. An die Spitzen dieser Speere war eine scharfe Messerklinge aus Feuerstein gebunden.

Die Männer trieben das Mammut in die Enge. Zuvor hatten sie eine Fallgrube ausgehoben. In dieser Fallgrube waren Pfähle aufgestellt, auf denen sich das herabstürzende Tier aufspießte. Mit Felstrümmern und Speeren wurde das Mammut getötet. Dann stiegen die Jäger in die Grube hinab. Sie benutzten die scharfen Feuersteinmesser, um das Fell des Mammuts aufzubrechen und das Fleisch zu zerlegen.

Manch ein Frühmensch wird auf der Jagd sein Leben verloren haben, wie man sich leicht vorstellen kann.

1. *Unterstreiche oder markiere im Text die wichtigsten Wörter, schreibe sie rechts heraus. Verfasse dann selbst einen kurzen Text für dein eigenes Steinzeitheft.*
2. *Schreibe einen Bericht über eine Mammutjagd. Berichte davon, was die Frühmenschen mit dem erlegten Tier machten. Fertige eine Zeichnung an.*

Stolz Verlag Steinzeitmenschen Best.-Nr. 516

Fragen

Wenn du den Text auf der Vorseite und den Text auf dieser Seite unten gelesen hast, beantworte die folgenden Fragen. Antworte zuerst mündlich, dann schriftlich. Schreibe ganze Sätze!

1. Warum gingen die Höhlenmenschen auf die Jagd?
2. Weshalb war die Jagd so gefährlich?
3. Wie sahen ihre Waffen aus? Beschreibe!
4. Welches Tier wird auf der Zeichnung gejagt?
5. Wie wurden die kleinen Menschen mit diesem gewaltig großen Tier fertig?
6. Mit welchen Werkzeugen zerlegten sie ihre Beute?
7. Wie blieb das Fleisch des erlegten Tieres frisch?
8. Wie nennen wir die Zeit, in der dies alles geschah?
9. Wenn die Horde ein Tier erlegte: wofür diente es noch außer für Nahrung?

Wenn die Beute erlegt war

Das Fleisch eines Mammuts hielt sich wochenlang frisch. Wie kam das? Die Höhlenmenschen kannten doch keinen Kühlschrank, oder?

Die Lösung ist ganz einfach: Es war sehr kalt. Ein Großteil der Erde war ein Kühlschrank! Die Menschen konnten das Fleisch in Erdlöchern aufbewahren, und es blieb darin frisch. Weil es so kalt war, nennen wir die Zeit auch Eiszeit. So war es gut, wenn die Horde ein Mammut erlegte: denn es gab dann nicht nur Nahrung, sondern auch warme Kleidung, die sich aus dem Fell des Tieres herstellen ließ.

Jäger und Sammler 6

Immer auf der Suche nach Nahrung

Wie wir schon gelesen haben, waren die Frühmenschen anfangs immer unterwegs. Wenn sie eine Höhle fanden, richteten sich die Menschen für eine Weile in ihr ein und zogen dann weiter.

Sie lernten, aus Tierfellen und Stangen leichte Hütten zu bauen, die sie gut transportieren konnten.

Die Frühmenschen jagten Tiere, um deren Fleisch zu essen. Die größten Tiere waren Mammut, Rentier, Wiesent. Frauen und Kinder beteiligten sich beim Sammeln von Früchten, Beeren, Nüssen, Wurzeln und Pilzen.

Eine großartige Entdeckung war das Feuermachen. Die Frühmenschen lernten es, und das ging so: Ein trockener, harter Holzstab wurde so lange in einen weichen Holzklotz gebohrt, bis er durch die Reibungshitze zu schwelen begann. Durch Pusten und mit Hilfe trockener Gräser und Blätter bildete sich eine Flamme. Dazu benötigte man viel, viel Geduld!

Der erste Braten dürfte zufällig entstanden sein, als ein roher Fleischbrocken ins Feuer fiel. Das roch gut und war leichter zu kauen als rohes Fleisch.

Lies den Text und betrachte aufmerksam die Zeichnung. Denke dabei über das Gelesene nach.
Wenn du die übrigen Aufgaben auf der folgenden Seite erledigt hast, zeichne das Bild in dein Steinzeitheft!

Stolz Verlag Steinzeitmenschen Best.-Nr. 516

Aufgaben

Beantworte jede Frage mit einem oder mehreren ganzen Sätzen!

1. Weshalb, glaubst du, waren die Frühmenschen immer unterwegs?
2. Wovon ernährten sich die Frühmenschen?
3. Wie machten die Frühmenschen Feuer?
4. Wie ist wohl der erste Braten entstanden?
5. Weshalb war es vorteilhaft, Fleisch gegart und nicht roh zu verzehren?

Deine Gedanken dazu ...
Feuer: welche Vorteile brachte das Feuer? Denke gut darüber nach und versetze dich in einen Frühmenschen! Stelle dir vor, du lebst in der Wildnis ... Schreibe deine Gedanken in dein Heft und zeichne etwas dazu. Überschrift: *Wie mir das Feuer nutzt.*

Wenn die Zähne ausfielen

Was passierte, wenn ein Frühmensch seine Zähne verlor? Rohes Fleisch konnte er dann nicht mehr essen. Er hat verhungern müssen ...
Das änderte sich, als die Menschen das Feuer zu nutzen lernten und das Fleisch garen konnten. Denn gegartes Fleisch ist weich und leichter zu kauen. Auch wenn die Zähne schlecht sind oder fehlen.

Die Menschen werden sesshaft

Die ersten Häuser

Die Eiszeiten hatten unvorstellbar lange gedauert. Aber nach und wurde es wärmer auf der Erde, und das Eis zog sich im Sommer auf die höchsten Berge zurück. Die Menschen, die schon genauso aussahen wie wir heute, hatten viel dazugelernt. Sie fingen an, Hütten zu bauen. Die ersten Hütten wurden von Mammutjägern aus Mammutstoßzähnen, Knochen und Fellen errichtet. Diese Zelte waren praktisch, weil man sie schnell auf- und abbauen konnte. Allmählich lernten die Menschen, Hütten aus Holz, und später aus Steinen zu errichten.

Weil es in den Wäldern viele gefährliche Tiere gab, zum Beispiel Wölfe und Bären, sind die Menschen auf eine großartige Idee gekommen: Sie haben sich Häuser mitten ins Wasser gebaut, auf Pfählen, die in den Grund hineingerammt waren. Man nennt diese Bauten Pfahlbauten.

1. Unterstreiche oder markiere die wichtigsten Wörter, schreibe sie rechts heraus.

2. Die Zeichnung zeigt dir ein Pfahldorf. Es ist nicht fertig gezeichnet. Versuche du es! Fertige eine neue Zeichnung in deinem Steinzeitheft an, füge auch Menschen hinzu! Male das Bild bunt.

Stolz Verlag Steinzeitmenschen Best.-Nr. 516

Aufgaben

Beantworte jede Frage mit einem oder mehreren ganzen Sätzen. Schreibe die Antworten in dein Steinzeitheft.

1. Wie sahen die Menschen in der Eiszeit aus?
2. Was haben die Menschen gemacht, als sich das Eis zurückgezogen hatte auf die Berge und es wärmer wurde?
3. Was waren die ersten Behausungen der Menschen, und wie sahen sie aus?
4. Was war das für eine großartige Idee, mit der sich die Menschen vor den wilden Tieren schützten?

Wie entsteht eine Steinaxt?
Schließe die Augen und versuche dir vorzustellen, wie du eine Steinaxt herstellst, wenn du nichts anderes hast als Steine und Holz. Schreibe Schritt für Schritt auf. Zeichne dazu. Bedenke dabei: diese Arbeiten dauern sehr lange!

Eine Steinaxt herstellen

Weil man für das Bauen von Holzhäusern auch gutes Werkzeug benötigt, bastelten die Menschen so lange herum, bis sie Äxte herstellen konnten. Sie haben in ihre Steinäxte mit einem zweiten, härteren Stein Löcher für den Stiel gebohrt. Was das für eine Arbeit war! Sicher dauerte das Monate. Und dann ist oft am Ende die Axt mitten entzweigesprungen, und man konnte wieder von vorne anfangen.

Das Ende der Eiszeit 8

Die Jungsteinzeit
Viele, viele Jahrtausende sind vergangen. Das Klima ist wärmer geworden. Die großen Gletscher sind abgeschmolzen, viele Tiere sind ausgestorben. Mammuts und Rentiere sind nach Norden gezogen. Nicht alle Eiszeitmenschen wandern mit den Tieren. Manche von ihnen bleiben zurück. Weil es wärmer ist, wachsen dichte Wälder heran. Sie bieten reichlich Nahrung.
Die Menschen leben in Häusern, die uns nicht mehr so fremd vorkommen. Rund um die Häuser sind Gärten und Felder angelegt. Auch wie die Menschen jetzt leben, ist uns vertraut. Sie bleiben dort, wo sie gebaut haben, sie haben Nachbarn und bilden eine Gemeinschaft. Im Sommer pflanzen sie Getreide und Gemüse an. Sie halten Haustiere und haben gelernt, sich Vorräte anzulegen, um damit über den Winter zu kommen. Aus Jägern und Sammlern, die unstet umherzogen, sind Bauern und Viehzüchter geworden, die sesshaft sind.
Diese Zeit nennen die Wissenschaftler Jungsteinzeit.

Lies den Text und betrachte aufmerksam die Zeichnung.
Schreibe rechts die Merkwörter heraus, erledige dann die Aufgaben auf der folgenden Heftseite.

Stolz Verlag Steinzeitmenschen Best.-Nr. 516

Aufgaben

Beantworte jede Frage mit einem oder mehreren ganzen Sätzen!

1. In der Jungsteinzeit ist es wärmer geworden. Was hat sich alles geändert?
2. Was bieten die Wälder den Menschen?
3. Wie leben die Menschen in der Jungsteinzeit?
4. Was haben sie gelernt, um sich das Leben zu erleichtern?
5. Erkläre die Begriffe „Jäger und Sammler."
6. Erkläre die Begriffe „Bauern und Viehzüchter".

Wie könnten die Gefäße aussehen, die von den Menschen in der Jungsteinzeit geformt wurden? Zeichne einige Gefäße und schreibe dazu, wofür sie verwendet werden können.

Gefäße aus Ton

In der Jungsteinzeit haben die Menschen herausgefunden, dass man Lehm in Öfen zu Ton brennen kann. Sie formten aus Lehm oder Ton Krüge und Töpfe, die sie zum Trocknen an die Luft stellten. Danach überzogen sie die Gefäße mit Tonschlamm und stellten sie in eine Grube mit Feuer. Hier wurden sie gebrannt.
Aus Ton kann man auch Ziegelsteine für Öfen und Häuser herstellen.

Das erste Brot

Etwa sieben Jahrtausende vor Christi Geburt begannen die Menschen, Getreide zu züchten.

Züchten – was bedeutet das? Bevor du weiterliest, lege das Heft zur Seite und denke nach, ob du für dich selbst eine Erklärung findest.

Getreide nennen wir alle Gräser, deren Samen wir essen können. Die bekanntesten sind Roggen, Weizen, Gerste, Hafer, Hirse, Reis und Mais. Die Menschen entdeckten Gräser mit besonders großen Samen. Sie pflanzten diese in der Nähe ihrer Häuser an. Dabei wählten sie immer die größten und besten Körner und säten diese wieder aus. So züchteten sie im Laufe der Jahrtausende die oben genannten Getreidesorten.

Weißt du die Namen der Getreidesorten noch, ohne oben nachzusehen?

Die ersten Getreidefelder wuchsen im Osten (am Nildelta, im Libanon, im Süden der heutigen Türkei). Die Samenkörner wurden eingesammelt oder man schnitt die Halme mit Holzsicheln und einer Feuersteinklinge ab. Die Körner wurden zwischen zwei Steinen zu braunem Mehl zermahlen und mit Wasser zu einem Teig vermengt, der auf heißen Steinen zu Brotfladen gebacken wurde.

1 2 3 4 5

1. Unterstreiche oder markiere die wichtigsten Wörter, schreibe sie rechts heraus. Verfasse dann selbst einen kurzen Text für dein eigenes Steinzeitheft.

2. Wie heißen die abgebildeten Getreidesorten? Weißt du es, ohne auf Seite 20 nachzusehen?

Stolz Verlag Steinzeitmenschen Best.-Nr. 516

Die Getreidesorten der Reihe nach:
1. Roggen, 2. Weizen, 3. Gerste, 4. Hafer, 5. Mais

In diesen Gebieten wurde erstmals Getreide angebaut.

Aufgaben

1. Zeichne die Getreidesorten ab, schreibe deren Namen dazu und notiere die Gegenden, wo sie heutzutage als Hauptnahrungsmittel dienen.
2. Zeichne die Europakarte vergrößert in dein Heft. Beschrifte die Karte und färbe die Gegenden des ersten Getreideanbaus ein.
3. Schau dich im Brotregal eines Lebensmittelgeschäftes um: Wie viele verschiedene Brotsorten kannst du entdecken? Hast du die Möglichkeit, eine Bäckerei zu besuchen? Einen Bauernhof? Eine Brotfabrik? Ein Museum? Frage deinen Lehrer danach!

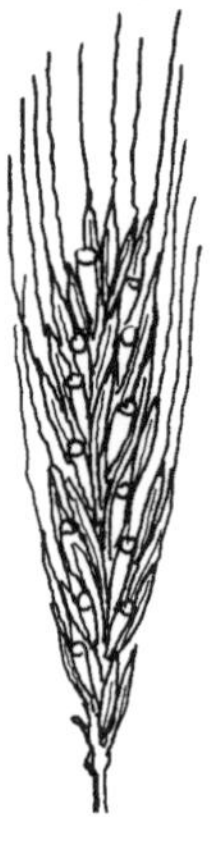

Brot ist Leben

Getreide ist das wichtigste Nahrungsmittel überhaupt. Es enthält alles, was wir zum Leben brauchen. In Asien essen die Menschen vor allem Reis, in Afrika Hirse und in Südamerika Mais. Diese Getreidesorten werden gekocht. In Europa wird das Getreide hauptsächlich zu Mehl vermahlen und als Brot gegessen. Für das Müsli schroten wir Getreide oder quetschen es zu Flocken. Dadurch können wir es besser verdauen.

Die Menschen zähmen Tiere

Irgendwann waren die Menschen darauf gekommen, wie nützliche ihnen Schafe sind. Vor 10 000 Jahren gab es die ersten Schafhirten. Die Schafe lieferten Fleisch, Milch, Felle und Wolle. Sie konnten auch dort weiden, wo es für Getreideanbau zu steil und zu trocken war.

Die Vorfahren unserer Kühe waren Wildrinder, auch Auerochsen genannt. Sie waren etwa zwei Meter groß. Bei einigen Ackerbauern galten die Kühe als Götter. In Indien sind sie heute noch heilig.

Die Rinder sind stark, sie ziehen den Pflug. Der Pflug lockert die Erde für den Getreideanbau.

Die Menschen fingen auch noch andere junge Wildtiere ein, zum Beispiel Wildschweine, Ziegen und Pferde. Sie sperrten sie hinter Zäune, damit sie nicht wieder weglaufen konnten und fütterten sie. Die Tiere gewöhnten sich immer mehr an die Menschen. Ihre Jungen kamen in Gefangenschaft zur Welt. So wurden im Laufe von vielen tausend Jahren aus den wilden Tieren Haustiere.

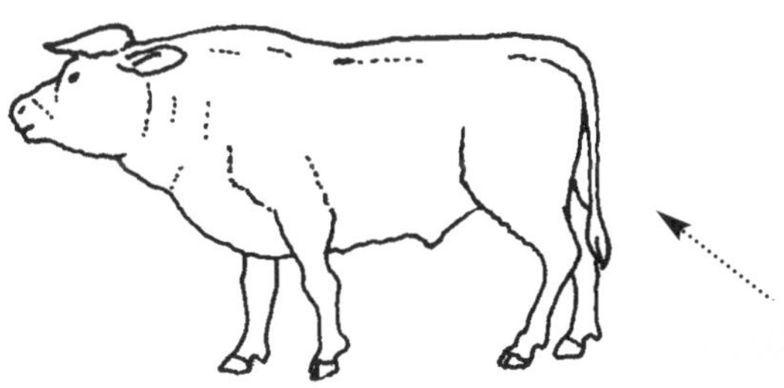

1. *Unterstreiche oder markiere die wichtigsten Wörter, schreibe sie rechts heraus. Verfasse dann selbst einen kurzen Text für dein eigenes Steinzeitheft.*
2. *Trage von oben nach unten in die Schilder ein:*
   Auerochse (Ur), Jungsteinzeitliches Rind, Neuzeitliches Rind

Stolz Verlag Steinzeitmenschen Best.-Nr. 516

Aufgaben

Beantworte jede Frage mit einem oder mehreren ganzen Sätzen!

1. Was gab es vor 10 000 Jahren zum ersten Mal?
2. Weshalb waren Schafe so nützlich für die Menschen?
3. Was hast du Interessantes über Kühe gelesen?
4. Wie zähmten die Menschen die wilden Tiere?

Selbständiges Arbeiten
Welche Tiere werden im Text auf der Vorseite genannt? Suche aus Sachbüchern und Lexika Bildmaterial und Texte zu diesen Tieren. Wähle aus, was dich besonders interessiert. Zeichne einzelne Tiere ab. Schreibe etwas dazu auf. Zeige einem Erwachsenen, was du an Wissenswertem gesammelt hast!

Die ersten Haustiere 11

Der Hund: der erste Freund des Menschen

Wann hat der Mensch aufgehört, Tiere nur als Nahrung anzusehen? Wie und wann entdeckte er, welch treue Helfer ihm manche Tiere sein können?

Der Hund besitzt einen feinen Geruchssinn. Ein Hund kann das Wild aufspüren. Das haben die Steinzeitmenschen irgendwann einmal herausgefunden. Hunde konnten auch die Dörfer der Vorzeitmenschen beschützen. So holte man Hunde heran an die Behausungen und später auch hinein. Sie konnten durch ihr Bellen vor Gefahren warnen.

Besonders wertvoll waren Hunde beim Hüten der Ziegen- und Schafherden. So wurde der Hund bald zum treuen Begleiter des Menschen.

Auch Katzen wurden als Haustiere entdeckt. Allerdings können wir nicht sagen, wann die Menschen anfingen, sich für Katzen zu interessieren.

Die ersten gezähmten Pferde waren klein und wurden meist zum Ziehen von Karren und Streitwagen eingesetzt. Man züchtete größere Pferde, auf denen man reiten konnte.

1. Unterstreiche oder markiere die wichtigsten Wörter, schreibe sie rechts heraus. Verfasse dann selbst einen kurzen Text für dein eigenes Steinzeitheft.

2. Zeichne das Bild ab, male es bunt und schreibe eine Geschichte dazu auf.

Stolz Verlag Steinzeitmenschen Best.-Nr. 516

Aufgaben

Beantworte jede Frage mit einem oder mehreren ganzen Sätzen!

1. Weshalb war der Hund für den Menschen der Jungsteinzeit so nützlich?
2. Welche anderen Tiere wurden als Haustiere gehalten?
3. Welche Hundearten können zum Hüten von Schafen eingesetzt werden?
   Versuche, die Antwort selbst herauszufinden, indem du
   – in Sachbüchern und Lexika nachschlägst,
   – im Internet forschst,
   – einen Bauern oder Hundezüchter persönlich fragst.
   Was findest du heraus? Schreibe auf und berichte deiner Lehrerin (deinem Lehrer).

Der Hund

Der Hund ist unser ältestes Haustier. Er ist ursprünglich ein Raubtier gewesen; er stammt vom Wolf ab. Den Menschen dient er als Jagdhund, Schäferhund, Wächter, Beschützer und Spielgefährte.

Es gibt sehr viele und sehr verschiedenartige Hunderassen. Manche sind Spezialisten als Helfer der Menschen geworden. Sie dienen als Blindenhunde, Polizeihunde, Lawinensuchhunde, Schlittenhunde und so weiter.

Zusammenleben in der Großfamilie

In der Nähe von Köln wurde ein Dorf aus der Jungsteinzeit ausgegraben. Die Häuser waren ziemlich groß: Dreißig Meter lang und sieben Meter breit.

In solch einem Haus wohnte die Großfamilie. Dazu zählten die Großeltern, Eltern und Kinder sowie die nächsten Verwandten mit ihren Familien. Diese Großfamilie war tatsächlich groß, zählte aber weniger Personen als die Horde der Jäger in der Altsteinzeit.

In der Großfamilie gab es eine Arbeitsteilung: Die Frauen machten die Hausarbeiten, die Männer gingen auf die Jagd und übernahmen die Arbeiten in der Landwirtschaft, welche körperliche Kraft erforderten und deshalb weniger für Frauen geeignet waren.

Zu einem Dorf gehörten etwa zehn bis fünfzehn Häuser. Das Dorf war von einem Zaun aus Gestrüpp umgeben. Feste Straßen gab es nicht.

Das Leben der Menschen in der Jungsteinzeit ist uns schon vertrauter. Es wurde Brot gebacken. Kleidung aus Wolle gab es auch: die Menschen hatten den Webstuhl erfunden.

Unterstreiche oder markiere die wichtigsten Wörter im ersten Text, schreibe sie rechts heraus. Verfasse dann selbst einen kurzen Text für dein eigenes Steinzeitheft.

Stolz Verlag Steinzeitmenschen Best.-Nr. 516

Aufgaben

1. Auf der Vorseite liest du, wie groß ein Haus in der Jungsteinzeit sein konnte. Damit du dir das besser vorstellen kannst, mache folgendes:
   Gemeinsam mit deinen Mitschülern kannst du die Grundfläche des Hauses auf dem Schulhof oder auf einer Wiese abmessen. Markiert die vier Ecken des Hauses. Stellt euch rundherum auf.

2. Stelle dir vor, du lebst als Kind in einer Großfamilie der Jungsteinzeit. Lies unten nach, wie ein Haus gebaut wurde, schau dir die Zeichnungen an. Mach die Augen zu und stelle dir vor, du bist dabei, wie dein Vater und andere Männer dieses Haus bauen. Schreibe einen kleinen Bericht darüber. Zeichne dann das Haus in dein Heft.

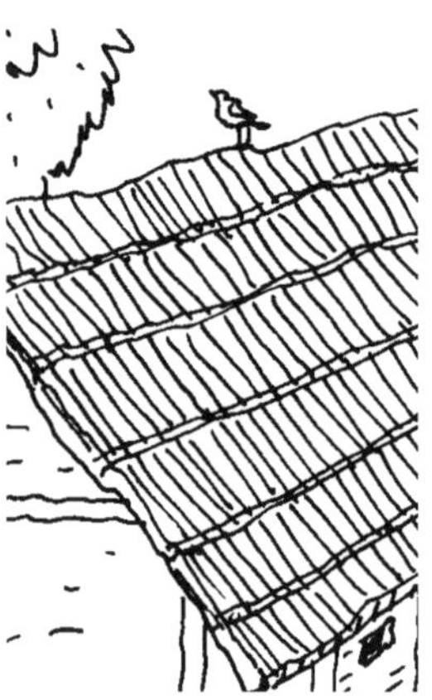

Wir bauen ein Haus

Um ein Haus zu bauen, werden zuerst Baumstämme in den Boden gerammt. Die Stämme werden miteinander verbunden, ein Dachstuhl, ebenfalls aus Holzstämmen, wird darauf gesetzt. Der „Rohbau" wird mit Ästen verflochten und zuletzt mit Lehm verschmiert. Das Dach wird mit Stroh eingedeckt.
Im Giebel des Hauses wird eine Öffnung gelassen, hier zieht der Rauch des Feuers ab.
Als „Haustür" dient ein Tierfell.

Glossar

Altsteinzeit Vor etwa 2 Millionen Jahren gab es die ersten Menschen auf dieser Erde. Wissenschaftler nennen die Altsteinzeit Paläolithikum.

Artefakte Erste Werkzeuge des Menschen.

Bauern und Viehzüchter Die Menschen der Jungsteinzeit wurden Ackerbauern und Viehzüchter. Sie brauchten nicht mehr auf der Suche nach Nahrung umherziehen und bauten feste Häuser.

Eiszeit Abschnitt der Erdgeschichte, in denen weite Gebiete der Erde vergletschert waren. Es war sehr kalt. Tiere wie Ren, Mammut und Höhlenbär lebten in dieser Zeit.

Faustkeil Das erste Werkzeug des Menschen aus Stein.

Feuerstein Feuerstein, auch Flint genannt, ist ein blauschwarz, gelb-graues Mineral mit scharfem, muschelförmigem Bruch. Es diente bis ins 19. Jahrhundert hinein zum Feuerschlagen.

Höhlenmalerei Braune, rötliche und schwarze Malereien in Höhlen, die von den Urmenschen angefertigt worden sind.

Höhlenmenschen Urmenschen, die in Höhlen hausten.

Horde Umherziehende Gruppe von Jägern und Sammlern.

Jäger und Sammler Jäger und Sammler waren jene Urmenschen, die immer nur kurze Zeit an einem Ort blieben und sich dort von den vorgefundenen Tieren und Pflanzen ernährten. Fanden sie nicht mehr genügend Nahrung, so zogen sie weiter.

Jungsteinzeit Die Jungsteinzeit folgte auf die Alt- und Mittelsteinzeit. Sie endete 1800 vor Christi Geburt. In der Jungsteinzeit lebten die Menschen schon so ähnlich wie wir heute.
Wissenschaftlicher Name: Neolithikum.

Mammut Ein ausgestorbenes Rüsseltier, 4 Meter hoch, mit bis zu 4 Meter langen Stoßzähnen.

Pfahlbauten Siedlungen, die auf Pfählen in Seen und Mooren errichtet sind.

sesshaft An einem festen Wohnort ständig lebend.

Urmenschen Die ersten Menschen.

Vorgeschichte Die Zeitspanne vor der „Geschichte“: Wir wissen nichts Genaues darüber.

Liebe Lehrer, liebe Eltern!

Die Testfragen auf der nächsten Seite sind absichtlich offen gestellt. Für die Beantwortung ist mehr als ein Wort oder Satz nötig. Kinder sollen nicht nur Häkchen machen und Kästchen ankreuzen, wie das bei vielen Quizfragen der Fall ist. Testfragen regen nur dann zum Nachdenken an, wenn sie nicht auf mechanische Abfragbarkeit hin angelegt sind. Eine Lernzielkontrolle ist mehr als nur der in Punkten zählbare Beweis für Wissen, das der Schüler kurzfristig reproduzieren kann. Die Beantwortung der (schwierigen) Fragen regt auch zu weiterem Nachdenken an und ist damit ein Schritt zu selbständigem Denken und einer Art „Überschau" des Gelernten. Außerdem fühlt sich der Lernende persönlich angesprochen.

Natürlich sind solch offene Fragen auch schwerer zu beantworten, denn jede Antwort will auch entsprechend sprachlich formuliert werden. Bitte legen Sie darauf besonderen Wert! Das Denken ist nun einmal das Produkt unserer Sprache, wer nur in Bildern oder Satzfragmenten denkt, wird kaum in der Lage sein, an unserer Kultur gestaltend teilzunehmen. Deshalb achten Sie bitte darauf, daß der Schüler immer in ganzen Sätzen antwortet!

Es sollen nicht alle Fragen an einem Tag beantwortet werden. Nehmen Sie sich dafür Zeit! Und lassen Sie das Kind nicht allein „herumwursteln". Sprechen Sie gemeinsam darüber, damit wird das Wissen vertieft und emotional verankert. Schüler lernen nicht für das abstrakte Leben, sie lernen für eine Person, die sie lieben und achten.

Auf exakte Lösungsvorgaben haben wir verzichtet, denn die Antworten ergeben sich alle aus dem Inhalt dieses Heftes.

Viel Erfolg wünscht

Karin Pfeiffer

20 kniffelige Testfragen

1. Weshalb heißt die Spanne der Steinzeit „Vorgeschichte“?
2. Was sind „Artefakte“?
3. Woraus machten die Menschen ihre ersten Werkzeuge?
4. Wo wohnten Menschen, bevor sie feste Häuser hatten?
5. Wie heißt das elefantenähnliche Tier, das die Urmenschen jagten? Wie sah es aus?
6. Was malten die Höhlenmaler an die Wände der Höhlen?
7. Beschreibe, welche schönen Dinge die Steinzeitmenschen schon herstellen konnten!
8. Es gab damals schon Nähnadeln. Beschreibe wie und woraus eine Nähnadel hergestellt wurde.
9. Nenne mindestens drei verschiedene Werkzeuge des Steinzeitmenschen!
10. Wie erlegten die „kleinen“ Steinzeitmenschen das „riesige“ Mammut?
11. Wie hielt sich das Fleisch frisch?
12. Wovon ernährten sich die Steinzeitmenschen?
13. Wie machten sie Feuer?
14. Wie sahen die Zelte der Jäger und Sammler aus?
15. Was sind Pfahlbauten?
16. In der Jungsteinzeit lernten die Menschen viel dazu. Was machte ihnen das Leben angenehmer? Was entdeckten sie? Was lernten sie?
17. Nenne die wichtigsten Getreidearten!
18. Wie heißt das Rind, das den Steinzeitmenschen bei der Arbeit half?
19. Welche Vorteile brachte der Hund als Haustier?
20. Wo und wie lebte die Großfamilie der Jungsteinzeit?

Selbständig arbeiten!

..... aber wie?

1. Lernen braucht Zeit:

Wir müssen uns immer wieder mit dem Lernstoff beschäftigen – jeweils in neuen Zusammenhängen. Dieses Heft bietet Zusatztexte zum Geschichtsbuch. Es ist kein Ersatz dafür!

2. Lernen braucht Ort und Raum:

Jeder Schüler schreibt und zeichnet in das eigene Heft. Die Aufgabenstellung dazu findet sich auf jedem einzelnen Arbeitsblatt.
Das Schülerheft sollte mit Sorgfalt zusammengestellt werden, den Umschlag kann man im Kunstunterricht gestalten (Mosaik, Ornament, Zeichnung ...)
Die Autorin ist sicher: Lernen gelingt am besten, wenn das schulische Wissen an einen festen Ort „gebunden" ist, zum Beispiel an ein Schulheft. Und zwar ein bestimmtes!
Das „Verzetteln" mag auch seine Berechtigung haben, aber es atomisiert das Wissen. Der letzte Schritt sollte immer eine Zusammenschau sein. Die schriftliche Arbeit ist sichtbarer Beweis der Lernanstrengungen. Sie kann später immer wieder betrachtet und vorgezeigt werden.

3. Lernen braucht eine Strategie:

Als Lernstrategien werden in diesem Heft vorwiegend folgende Arbeitsformen geübt:

– Lesen, Markieren und Exzerpieren
Mit einem Leuchtstift werden beim zweiten Lesen die wichtigsten Wörter markiert. Mit Hilfe dieser Wörter wird anschließend ein eigener Text formuliert. Diese Aufgabe kann auch mündlich erledigt werden. Die Schüler übernehmen dabei anfangs vorwiegend Textbausteine aus der Vorlage, werden bei fortlaufender Übung aber auch eigene Stilelemente einbringen. Wortschatz und Ausdrucksweise der Muttersprache werden beim Exzerpieren behutsam und fast spielerisch erweitert und gefestigt.

– Zeichnen
Zeichnen und Malen trainieren das aufmerksame Sehen und schulen die Wahrnehmungsfähigkeit. Gerade im Sachunterricht ist das Zeichnen eine hervorragende Methode, die das theoretische Lernen an Inhalten ergänzt – dieser Vorteil wurde im Unterricht früherer Jahre genutzt. Wir sollten uns dieser Methode erinnern!
Zeichnen ist eine stille Tätigkeit, die beruhigend wirkt. Es ist langsam und wirkt der Hektik entgegen. Wir sollten die Tugend der Langsamkeit zum Wohle aller in unseren Klassenzimmern neu entdecken. Lernen kann nicht beschleunigt werden, das Gehirn läßt sich nicht überlisten.

– Nachschlagen
Das Arbeiten mit Atlas und Lexikon (auch Internet) ist Grundlage selbständigen Lernens. In diesem Heft werden die Schüler dazu angeleitet. Wichtig ist die Haltung des Lernenden, nicht über Halb- oder Unverstandenes hinwegzulesen und es dabei bewenden zu lassen. Texte müssen verstanden werden, und dies ist nur der Fall, wenn auch alle Begriffe geklärt sind. Mündiges Lesen beinhaltet daher auch Nachschlagen.

Zuletzt ...
...Lernen hat auch in Zeiten vielseitiger Informationsquellen wenig mit lautem Aktionismus zu tun. Wirklich lernen, neues Wissen erwerben und Kenntnisse erweitern kann nur, wer bereit ist, sich zu konzentrieren und seine spontanen Bedürfnisse aufzuschieben. Lernen hat viel mit Reifen zu tun. Und Reifen braucht Zeit.